BLV Dreipunkt-Bestimmungsbuch

Heilpflanzen
Alpenblumen
Pflanzen am Wegrand
Vögel in Garten und Park
Pflanzen des Waldes
Schmetterlinge
Bäume und Sträucher
Greifvögel und Eulen
Singvögel
Pflanzen der Wiese
Pilze
Vögel im Wald
Frühling im Wald
Blüten der Bäume und Sträucher
Früchte der Bäume und Sträucher
Gefährdete Pflanzen
Vogelnester, Vogeleier
Wasservögel
Sommer im Feuchtgebiet
Insekten

Dreipunkt-Buch

finden
bestimmen
kennen

Gefährdete Pflanzen

Eine Auswahl aus der Roten Liste

Text: Alfred Handel
Gesamtbearbeitung: Dorothee Eisenreich

VERLEGT BEI
KAISER

CIP-Kurztitelaufnahme der Deutschen Bibliothek

Gefährdete Pflanzen: e. Ausw. aus d. roten Liste /
Text: Alfred Handel. Gesamtbearb.: Dorothee Eisenreich. –
München; Wien; Zürich: BLV Verlagsgesellschaft, 1986.
(Drei-Punkt-Buch: Finden, bestimmen, kennen; 1015)
ISBN 3-405-13239-8

NE: Handel, Alfred [Mitarb.];
Eisenreich, Dorothee [Bearb.];
Drei-Punkt-Buch / Finden, bestimmen, kennen

Der **Kasten** neben der Überschrift
gibt jeweils von links nach rechts an:
Wuchshöhe; Blütezeit; Gefährdungsgrad (s. Einführung)/
G! = Geschützt, wenn die Pflanze unter Naturschutz steht.

In den **Texten** bedeuten:

M = Merkmale; **V** = Vorkommen; **B** = Besonderheiten;
♂ = Männchen, männlich; ♀ = Weibchen, weiblich.

Druck u. Bindearbeit: Gorenjski Tisk, Kranj – Slowenien

Inhalt

Einführung

Trotz des in der Bevölkerung gestiegenen Umweltbewußtseins, konnte sich in den letzten Jahren der Artenschutz leider immer noch nicht den Platz erobern, der ihm gebührt. Nur so ist es erklärbar, daß durch massive Eingriffe des Menschen in seine natürliche Umwelt in den letzten 20–30 Jahren ca. 35% der Farn- und Blütenpflanzen in ihrer Existenz gefährdet sind. Eine kleine Auswahl der Blütenpflanzen möchte das vorliegende Bändchen vorstellen. Es sollte nicht nur dem ökologisch Gebildeten, sondern jedermann bewußt sein, daß verlorengegangene Tier- und Pflanzenarten im Ökosystem Lücken hinterlassen, die nicht ohne Konsequenz für das System bleiben!

Seit 1977 erfaßt die »Rote Liste der gefährdeten Tiere und Pflanzen in der Bundesrepublik Deutschland« (Blab, Nowak, Trautmann, Sukopp; Greven) gefährdete Arten, eingeteilt nach folgenden Gefährdungskategorien: 0 = Ausgestorben oder verschollen; 1 = Vom Aussterben bedroht; 2 = Stark gefährdet; 3 = Gefährdet; 4 = Potentiell gefährdet. Es macht betroffen, wenn man die für die Farn- und Blütenpflanzen in der 4. Aufl. (1984) der Roten Liste genannten Zahlen vor Augen hat: Von den 2476 in der Bundesrepublik heimischen Arten gehören 862 Arten (die eingangs genannten 35%) in folgender Verteilung den 4 Kategorien an: 0/60 (2,4%); 1/101 (4,1%); 2/255 (10,3%); 3/281 (11,3%); 4/165 (6,7%). In diesem Band werden Pflanzen der Kategorien 2 und 3 beschrieben, da diese Arten – mit etwas Mühe zwar – noch gefunden werden können, sie andererseits aber ernsthaft gefährdet sind.

Leider sind von den 862 gefährdeten Arten nur 234 nach der Bundesartenschutzordnung (1980) gesetzlich geschützt. Ob eine Erweiterung der geschützten Artenzahl einen wirksamen Schutz garantieren würde, ist sehr fraglich. Es hat sich schon immer gezeigt, daß eine nicht kontrollierbare Schutzmaßnahme nur dann ihren Sinn hat, wenn unsere Vernunft vorausgesetzt wird. Kann man dies?

Nehmen Sie das Bändchen als Ermunterung, sich mit unseren gefährdeten Pflanzen zu beschäftigen, sich an ihrer Schönheit zu erfreuen und für ihren Schutz einzutreten.

Blütenstände

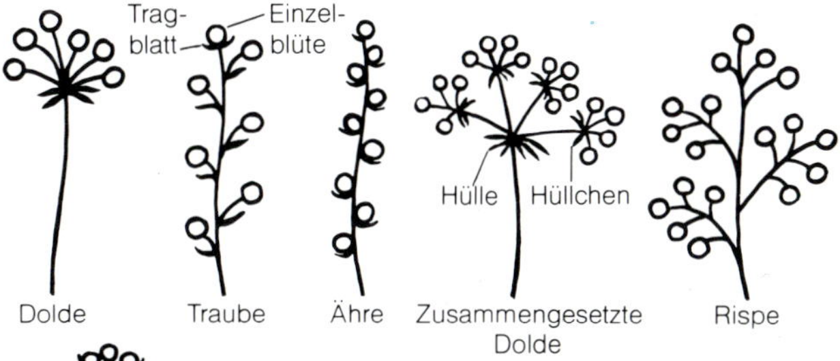

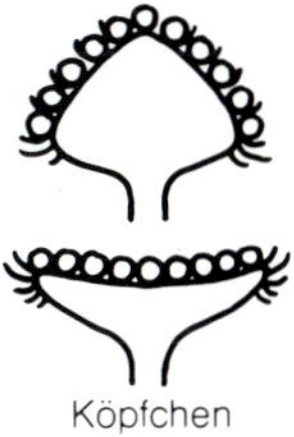

Blattformen und Blattränder

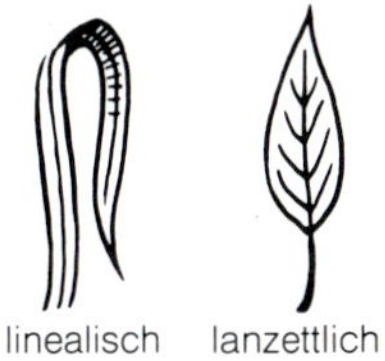

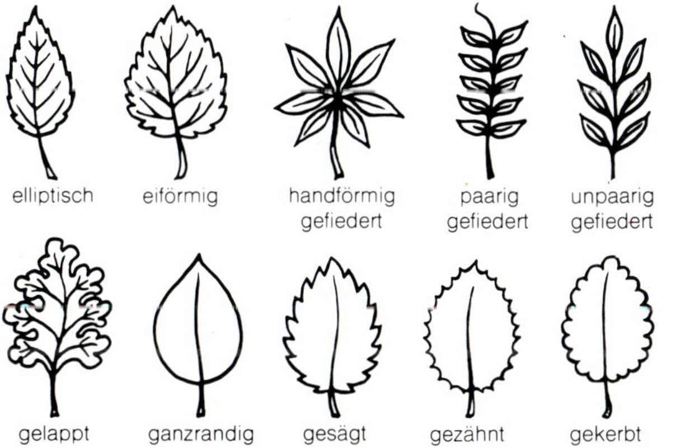

Sommer-Adonisröschen

Adonis aestivalis

25–60 cm	V–VII	3

M Die 1–3 cm großen Blüten bestehen aus 5–8 roten oder zitronengelben Kronblättern, die am Grund meist schwarz gefärbt sind. Die kahlen Kelchblätter liegen den Kronblättern direkt an. Die Blüten stehen einzeln am Sproßende. Der Sproß ist mit 2- bis 3fach fiederteiligen Blättern locker besetzt. Die Pflanze gehört zu den Hahnenfußgewächsen. **V** Bevorzugt werden Äcker mit trockenen oder lehmigen Kalkböden. Die Art ist stellenweise noch verbreitet, teils aber schon fast verschwunden. **B** Die Pflanze enthält verschiedene Glykoside und ist deshalb giftig. Die Diskrepanz zwischen Schönheit und Giftigkeit hat wohl zum Beinamen »Teufelsauge« geführt.

Frühlings-Adonisröschen

Adonis vernalis

10–30 cm	IV–V	2/G!

M Die einzeln am Stengelende stehenden, goldgelben Blüten erreichen 3–7 cm Ø. 10–20 Kronblätter bilden die Blütenkrone. Sie werden von weichhaarigen, eiförmigen Kelchblättern umgeben. Am Stengel des Hahnenfußgewächses stehen dicht unterhalb der Blüte 3 quirlständige Blätter, die anderen Blätter sind grundständig. Alle Blätter sind mehrfach fiederteilig und fast ungestielt. **V** Die Art ist v.a. auf sonnigen Trockenrasen, auf Heidewiesen, Wiesensteppen und in lichten Kiefernwäldern zu finden. Der Boden sollte sandig und kalkreich sein. **B** Wie das nebenan beschriebene Sommer-Adonisröschen enthält die Pflanze ebenfalls giftige Glykoside.

Gewöhnl. Küchenschelle

Pulsatilla vulgaris

5–10 cm	III–V	3/G!

M Die 4–5 cm langen Blüten sind bei diesem Hahnenfußgewächs nicht in Kelch- und Kronblätter unterteilt. 6 violette, an der Rückseite zottig behaarte Blütenblätter umgeben die leuchtend gelben Staubblätter. Letztere werden ca. halb so lang wie die Blütenblätter. Am zottig weißhaarigen Stengel sitzen unterhalb der Blüte 3 Hochblätter, die die Blüte umhüllen. Die nach der Blüte erscheinenden Grundblätter sind 2- bis 3fach gefiedert. **V** Die Art kommt auf sonnigen und kalkhaltigen Trockenrasen vor. **B** Nach der Befruchtung kommt es bei der Fruchtbildung zu einer starken Verlängerung des Blütenstengels; am Ende bildet sich der zottige Fruchtstand.

Heideröschen

Daphne cneorum

5–30 cm	IV–VI	3/G!

M Die doldenartigen Blütenstände sitzen am Ende der beblätterten Zweige. Einzelblüten einfarbig rosarot. Blütenachse und Kelchröhre dicht kurzfilzig behaart. Die spateligen, bis 1,5 cm langen Blätter dieses Seidelbastgewächses sind dunkelgrün und recht gleichmäßig an den Zweigen verteilt. **V** Man findet das Heideröschen an steinigen, buschigen Hängen, an Waldrändern, in lichten Kiefernwäldern, auf Schafweiden und Heidewiesen. Der Boden sollte kalkhaltig sein. **B** Die ausdauernde Pflanze bildet Zwergsträucher, die beblättert überwintern. Insekten bestäuben die zwittrigen Blüten, Ameisen und Vögel verbreiten die gelbbraunen Früchte.

Pfingst-Nelke

Dianthus gratianopolitanus

10–30 cm	V–VI	3/G!

M Die hellroten, 15–30 mm großen Blüten stehen bei diesem Nelkengewächs meist einzeln am Stengelende. Am Außenrand sind die Blütenkronblätter gezähnt, im Bereich des Schlundes bärtig. Die Krone umgeben 4–6 Außenkelchblätter, die ca. ein Viertel der Kelchröhrenlänge erreichen. Am kahlen Stengel sitzen blaugrüne, linealische Blätter mit abgestumpfter Spitze. Die Blattstellung ist gegenständig. **V** Die Art gedeiht zerstreut auf felsigen Trockenrasen, in sonnigen Felsspalten und auf Steppenheiden. **B** Die Pflanze bildet kleine Polster oder dichte Rasen. Sie ist mehrjährig und wird von Schmetterlingen bestäubt. Ihr Duft ist angenehm.

Pracht-Nelke

Dianthus superbus

30-100 cm	VI-IX	3/G!

M Die duftenden, bleichrosa bis purpurroten Blüten sind durch Blütenblätter gekennzeichnet, die bis weit über die Mitte fiedrig zerschlitzt sind. Sie stehen meist zu mehreren am Ende des aufrechten Stengels. Die blaugrünen Blätter des Nelkengewächses sind lineal-lanzettlich; im unteren Stengelbereich sind sie abgestumpft. **V** Die Pracht-Nelke gedeiht auf trockenen und feuchten Wiesen, kommt jedoch auch in Laub- und Mischwäldern vor. Der Boden darf aber nicht zu kalkhaltig sein. **B** Die ausdauernde Pflanze bildet lockere Rasen. Regional kommen verschiedene, schwer zu bestimmende Unterarten vor, die sich v.a. in ihren Standortansprüchen unterscheiden.

Fransen-Enzian

Gentiana ciliata

10–25 cm	VIII–X	3/G!

M Die bis 5 cm langen, blauen Blüten sind in 4 Kronzipfel geteilt, die an den Seitenrändern lang gefranst sind. Ein verwachsener Kelch umgibt die Blütenkrone. Häufig stehen die Blüten einzeln, manchmal auch zu mehreren in den Blattachseln der obersten Blätter. Am 4kantigen Stengel des Enziangewächses sitzen 1nervige, lineal bis länglich-lanzettliche Blätter. **V** Die Art bevorzugt Trockenrasen, Heiden, lichte Kiefernwälder und steinige Hänge. Der Boden sollte locker und kalkreich sein. **B** Der Fransen-Enzian ist sehr wärmeliebend und öffnet die Blüten nur bei starker Belichtung. Die Bestäubung erfolgt durch Insekten.

Deutscher Enzian

Gentiana germanica

5-30 cm	VIII-X	3/G!

M Die rosavioletten Blüten dieses Enziangewächses sind 20-40 mm lang und bis 10 mm breit. Sie stehen an den kurzen Seitenästen im oberen Bereich der Pflanze. Der untere Stengelbereich ist nicht verzweigt. Die Blüte ist durch 5 Kronzipfel, einen bärtigen Schlund und durch einen 5zipfeligen Kelch gekennzeichnet. Die Kelchzipfel sind am Rand rauh, die Buchten zwischen den Kelchzähnen sind spitz. Am Stengel sitzen ei-lanzettliche, meist spitze Blätter. **V** Man findet die Art auf kalkigen Magerrasen. **B** Es sind mehrere Unterarten bekannt, die einen Saisondimorphismus zeigen, d.h. neben Merkmalsunterschieden auch verschiedene Blütezeiten haben.

Frühlings-Enzian

Gentiana verna

3–15 cm	III–VII	3/G!

M Die Blüten des Enziangewächses sind bis 30 mm breit, 5blättrig und stehen meist einzeln am Stengelende. Am Grunde der Kronzipfel findet sich ein 2zähniges Anhängsel. Da die Pflanzen meist in kleinen Trupps vorkommen, fällt das eindrucksvoll leuchtende Blau schon von weitem auf. Kennzeichnend ist auch eine grundständige Blattrosette aus lanzettlichen, bis 3 cm langen Blättern. Die Stengelblätter sind deutlich kleiner. **V** Man findet die Art auf Kalkmagerrasen, Schafweiden, Heiden und in Flachmooren. **B** Der Frühlings-Enzian ist mehrjährig und sehr eng in der Standortwahl. Die Bestäubung erfolgt durch Schmetterlinge.

Österr. Ehrenpreis

Veronica austriaca

10–50 cm	V–VI	2

M Die dunkelblaue Blütenkrone des Braunwurzgewächses ist 10–15 mm breit. Die Blüten stehen in dichten Trauben, die seitlich am durchgehend beblätterten Stiel ansetzen und sich später deutlich verlängern. Der Blütenkelch ist 5teilig. Dem oft bogig aufsteigenden Stengel sitzen lanzettliche, meist kurz gestielte Blätter an. Sie sind ganzrandig bis fiederspaltig und kaum behaart. **V** Die Art gedeiht auf sonnigen Kalkmagerrasen und auch auf Waldwiesen. **B** Der Österreichische Ehrenpreis ist mehrjährig und kommt in 2 Unterarten vor. Sehr leicht kann er mit dem häufigeren Großen Ehrenpreis *(V. teucrium)* verwechselt werden.

Kugel-Teufelskralle

Phyteuma orbiculare

10–30 cm	V–IX	3/G!

[M] Die blauen Blüten bilden bei dieser Art ein kugeliges Köpfchen. Jede Einzelblüte ist durch eine 10–15 mm lange Kronröhre, durch 5 bandförmige Kronzipfel und durch 3 Narben gekennzeichnet. Die rosettenständigen Grundblätter sind herzeiförmig bis lanzettlich und lang gestielt. Am Stengel stehen in lockerer Folge ei-lanzettliche Blätter; im obersten Bereich sind sie ungestielt. Alle Blätter haben unterseits eine schwach hervortretende Nervatur. [V] Das Glockenblumengewächs ist auf felsigen Magerrasen und auf Moorwiesen zu finden. [B] Im gesamten Verbreitungsgebiet der Pflanze sind mehrere Varietäten bekannt.

Silberdistel

Carlina acaulis

10–30 cm	VII–IX	3/G!

M Das 3–8 cm breite Blütenköpfchen dieses Korbblütengewächses besteht nur aus weißlichen oder rosafarbenen Röhrenblüten. Die inneren Hüllblätter werden 3–4 cm lang und geben mit ihrem silberweißen Schimmer der Pflanze den Namen. 8–25 cm lange Laubblätter bilden eine bodennahe Rosette. Sie sind fiederteilig und stark bedornt. **V** Die Silberdistel wächst auf kalkigen Halbtrocken- und Trockenrasen. Bevorzugt werden sonnige Hänge und Waldränder, evtl. lichte Wälder. **B** Die ausdauernde Pflanze kommt in 2 Unterarten vor. Sie wird durch Insekten bestäubt, die Fruchtverbreitung erfolgt durch den Wind mit Hilfe 10–15 mm langer »Flughaare«.

Schopf-Traubenhyazinthe

Muscari comosum

30–70 cm	V–VI	2/G!

M Die ursprünglich im Mittelmeerraum beheimatete Pflanze hat eine 8–20 cm lange Blütentraube, die aus unfruchtbaren und fruchtbaren Blüten besteht. Erstere sind an der Traubenspitze, blauviolett und lang gestielt. Die fruchtbaren Blüten sind grünbraun und mit weißgrünen Zähnen versehen. Die Blätter des Liliengewächses sind 10–25 mm breit und von linealer Gestalt. V Als Lebensräume werden Äcker, Wegränder, Weinberge und Kalkmagerrasen bevorzugt. Die Pflanze ist wärmeliebend. B Wie bei allen Traubenhyazinthen-Arten dienen die sterilen Blüten der Anlockung von bestäubenden Insekten. Die Pflanze ist mehrjährig.

Kleine Traubenhyazinthe

Muscari botryoides

10–25 cm	IV–V	3/G!

M Im Gegensatz zur nebenan beschriebenen Art ist die Blütentraube hier kurz, gedrungen und kegelförmig. Auch hier sind die obersten Blüten steril. Alle Blüten dieses Liliengewächses sind himmelblau, weiß gesäumt, von kugelig-eiförmiger Gestalt und geruchlos. Meist bilden 10–20 Blüten den gesamten Blütenstand. Die grundständigen, bis 10 mm breiten Blätter stehen aufrecht. Sie sind lanzettlich und verbreitern sich etwas zur Spitze hin. **V** Die Kleine Traubenhyazinthe findet man an sonnigen, trockenen Magerrasenhängen, in Weinbergen und in Eichenwäldern. **B** Das Hauptverbreitungsgebiet ist Südosteuropa, die Heimat ist der Mittelmeerraum.

Gekielter Lauch

Allium carinatum

30–60 cm	VI–VIII	3

M Der doldige Blütenstand enthält die 5–7 mm langen, rosa bis dunkelvioletten Blüten und grünliche, sitzende Brutzwiebeln. An den Blüten fallen die sehr langen Staubblätter auf, die die Blütenblätter (Perigonblätter) um das doppelte überragen. Die Blätter des Liliengewächses sind fast flach, 2–4 mm breit und nur schwach rinnig. **V** Der Gekielte Lauch liebt steinige Halbtrocken- und Trockenrasen sowie Moorwiesen. **B** Vor dem Aufblühen ist der kugelige Blütenstand wie bei allen Laucharten von einem trockenhäutigen Hüllblatt umgeben. Die Blüten werden von Insekten bestäubt, die Brutzwiebeln dienen der ungeschlechtlichen (vegetativen) Vermehrung.

Gelbe Narzisse

Narcissus pseudonarcissus

15–40 cm	III–IV	3/G!

M Die vom Erscheinungsbild aus unseren Gärten allbekannte Pflanze ist in der Wildform etwas blasser gelb. Die becherförmige Nebenkrone ist allerdings auch hier dottergelb. Sie entspricht in der Länge den freien Perigonblättern. Die Laubblätter sind fleischig, grundständig und von linealer Form. Sie werden 7–15 mm breit. Die Art gehört zu den Amaryllisgewächsen. **V** Als Standort bevorzugt die Pflanze feuchte Bergwiesen und lichte Wälder. Der Boden sollte kalkarm sein. **B** Die Pflanze ist mehrjährig, überwintert als Zwiebel und enthält giftige Alkaloide. Hin und wieder findet man ehemals kultivierte und dann verwilderte Pflanzen.

Hummel-Ragwurz

Ophrys fuciflora

15–35 cm	V–VI	2/G!

M Meist bilden 4–10 Blüten eine lockere Ähre. Die Einzelblüte erinnert in Form und Farbe an eine Hummel. 3 weißliche bis rosafarbene Blütenblätter bilden die äußere Blütenhülle. Die inneren Blütenhüllblätter sind deutlich kürzer, 3eckig und behaart. Die samtige, rot- bis purpurbraune Lippe ist ganzrandig, konvex gewölbt und so lang wie breit. Am Grund fallen ein nach oben gerichtetes, gelbliches Anhängsel und ein darüberliegendes Haarbüschel auf. **V** Die Hummel-Ragwurz gedeiht auf kalkhaltigen Trockenrasen, gelegentlich in lichten Kiefernwäldern. **B** Im Volksmund wird die Pflanze auch als Affengesichtle, Sammetblümle u. a. bezeichnet.

Bienen-Ragwurz

Ophrys apifera

15–40 cm	V–VII	2/G!

M Die Lippe ist bei dieser Orchidee deutlich länger als breit, 3gelappt und leicht gewölbt; am Rand stark zurückgeschlagen. Ihre Grundfarbe ist bräunlich mit gelblicher Zeichnung. Das gelblichgrüne Lippenanhängsel ist meist ganz nach hinten gebogen. Die äußeren Perigonblätter sind rosa oder weißlich, die inneren grünlich. Meist bilden 2–7 Blüten eine Ähre am lanzettlich beblätterten Stengel. **V** Die Art tritt ausschließlich auf sonnigen, kalkigen Trockenrasen auf. **B** Bei der Bienen-Ragwurz kommt häufig Selbstbestäubung vor. Oft übernehmen jedoch verschiedene Bienen-Arten durch Begattungsversuche an der Blüte die Bestäubung.

Spinnen-Ragwurz

Ophrys sphegodes

15–40 cm	IV–VI	2/G!

M Im Gegensatz zur nebenan beschriebenen Fliegen-Ragwurz ist die Lippe bei dieser Orchidee ungeteilt, fast kreisrund und an der Spitze ausgerandet. Sie ist konvex gewölbt, etwa so lang wie breit, in der Färbung samtig dunkelbraun oder schwarzpurpurn. Kennzeichnend ist auch eine bläuliche H-förmige Lippenzeichnung. Die 3 äußeren Blütenhüllblätter sind grünlich. **V** Man findet die Pflanze an sonnigen Hängen mit Trockenrasen und Kalkboden. **B** Wie bei allen Ragwurz-Blüten handelt es sich auch hier um nektarlose »Attrappenblüten«, die Insekten zur Bestäubung anlocken. Die Art kommt in 2 Unterarten vor, die auch sehr formvariabel sind.

Fliegen-Ragwurz

Ophrys insectifera

15–40 cm	IV–VI	3/G!

M Der Name dieser Orchidee leitet sich von der Fliegenähnlichkeit der Blüten ab. 2–10 Blüten bilden einen Blütenstand; die Einzelblüte ist bis 2 cm lang. Die 3spaltige Lippe ist braunrot, ihr Mittelzipfel 2lappig. In ihrem Zentrum fällt ein 4eckiger, blaugrauer Flock auf. Die inneren Blütenhüllblätter sind fadenförmig (Insektenfühler!), die äußeren 3 Blütenblätter sind oval und grünlich. Am Stengel sitzen lanzettliche Blätter. **V** Die Art ist auf sonnigen, kalkhaltigen Magerrasen zu finden. **B** Die Blüten imitieren ♀ Insekten und werden demzufolge von ♂ angeflogen, die bei ihren Begattungsversuchen für die Bestäubung sorgen.

Kleines Knabenkraut

Orchis morio

8–30 cm	IV–VII	2/G!

M Der gesamte Blütenstand der hellrosa bis dunkelvioletten Orchidee erscheint sehr kurz und kompakt. Alle Perigonblätter neigen sich helmförmig zusammen; die 3lappige Lippe kennzeichnen sehr breite, abgerundete Seitenlappen. Der Mittellappen ist meist rot gepunktet oder gefleckt. Ein keulig-verdickter Sporn steht horizontal ab oder ragt leicht aufwärts. Am kantigen Stengel stehen ungefleckte, breit- bis länglich-lanzettliche Blätter. **V** Dieses Knabenkraut ist in trockenen und feuchten, aber nährstoffarmen Wiesen zu finden. **B** Die Art heißt auch Salep-Knabenkraut; der Name bezieht sich dabei auf die in den Wurzelknollen enthaltene Droge.

Brand-Knabenkraut

Orchis ustulata

10–30 cm	V–VIII	2/G!

M Die obersten Blüten der Blütenähre sind vor dem Öffnen dunkel gefärbt und geben dem Blütenstand ein »angebranntes« Aussehen. Jede Blüte besteht aus dunkelpurpurnen und etwas helleren Blütenhüllblättern, die sich helmartig zusammenneigen, und einer 3lappigen Lippe. Letztere ist weiß, rot gepunktet; der Mittellappen teilt sich unten in 2 Zipfel. Der sehr kurze Sporn ist abwärts gerichtet. Die länglich-lanzettlichen Blätter sind ungefleckt und gekielt. **V** Die Orchidee tritt auf Trockenrasen und Bergwiesen mit kalkhaltigen Böden auf. **B** Die Blüten duften angenehm nach Honig und locken damit Tagfalter zur Bestäubung an.

Helm-Knabenkraut

Orchis militaris

20–40 cm	V–VI	3/G!

M Der hier besonders deutlich ausgeprägte »Helm« der Blüte ist außen blaßrosa und von länglich-eiförmiger Gestalt. Die purpurne Lippe ist in der Mitte weißlich und violett bis dunkelrot punktiert. Ihr Mittellappen ist doppelt so breit wie die Seitenzipfel, vorne stark verbreitert und tief geteilt. Anfangs ist der Blütenstand dieser Orchidee pyramidenförmig, später langgestreckt und sehr lockerblütig. Die elliptischen Laubblätter laufen an der Spitze zusammen. **V** Man findet die Art an Hängen, Waldrändern und anderen Magerrasenstandorten. **B** Die Art gilt als Kalkanzeiger, d. h. der Standort besteht aus sehr kalkhaltigem Boden.

Männliches Knabenkraut

Orchis mascula

20–50 cm	V–VI	3/GI

M Der steife, aufrechte Stengel dieser Orchidee entspringt einem Büschel breit-linealer, oft purpurn gefleckter Blätter. An seinem purpurn überlaufenen Oberende befindet sich der langgestreckte, nicht sehr dichte Blütenstand. Die hellrosa bis rotviolellen Blüten sind durch die seitlichen, zurückgeschlagenen Perigonblätter und durch die deutlich 3lappige, an den Rändern gekerbte und gewellte Lippe gekennzeichnet. Dor lange, zylindrische Sporn ist meist aufwärts gerichtet. **V** Buschige Magerrasen, Schafweiden und lichte Laubwälder werden bevorzugt. **B** Man kennt 2 Unterarten dieser Pflanze, die viele Merkmalsabweichungen aufweisen.

Pyramiden-Spitzorchis

Anacamptis pyramidalis

20–60 cm	VI–VII	2/G!

M Der namensgebende pyramidenförmige Blütenstand ist bis zu 5 cm lang. Die duftenden Blüten stehen sehr dicht, sind karminrot bis dunkelrosa, selten weiß. Die 3lappige Lippe ist breiter als lang, am Lippengrund erkennt man 2 Lamellen. Die anderen Perigonblätter sind lanzettlich und 5–7 mm lang. Der dünne, ca. 12 mm lange Sporn ist abwärts gerichtet. Die hellgrünen, lanzettlichen Blätter umfassen den Stengel. **V** Die Art gedeiht auf sonnigen Magerrasenhängen, in lichten Wäldern und Buschwerk. **B** Die Orchidee wird von Tagfaltern bestäubt. Die Lamellen am Lippengrund dienen den Faltern dabei als »Rüsselführung« bei der Nektaraufnahme.

Bocks-Riemenzunge

Himantoglossum hircinum

30–90 cm	V–VII	2/G!

M Der Name der Orchidee bezieht sich auf den starken Bocksgeruch und die lang ausgezogenen Blütenlippen. Am kräftigen Stengel stehen fleischige, lanzettliche Blätter, die zur Blütezeit meist bereits welken. Den bis 30 cm langen Blütenstand bilden Blüten, deren äußere Perigonblätter sich helmartig zusammenneigen. Ihre Außenseite ist hellgrün, innen sind sie purpurn gestreift. Die rot punktierte Lippe ist 3gelappt; die schmal-linealen Seitenlappen sind kurz und wellig gekräuselt, der Mittellappen ist bandartig (bis 7 cm). **V** Die Art ist an Kalk gebunden und gedeiht auf sonnigen Magerrasen. **B** Mediterrane Art mit Hauptverbreitung am westlichen Mittelmeer.

Grüne Hohlzunge

Coeloglossum viride

5–25 cm	V–VI	3/G!

M Die Blüten dieser Orchidee sind gelbgrün, oft bräunlich oder rötlich überlaufen. Sie bilden eine lockere Ähre am Oberende des steifen, rinnigen Stengels. Die äußeren Blütenhüllblätter formen ein Helmchen. Kennzeichnend und namensgebend ist die breite, nach unten gerichtete Lippe und der kurze, sackartig hohle Sporn. Die Lippe endet 3zähnig, der mittlere Zipfel ist kürzer als die seitlichen. Die Laubblätter sind breitlanzettlich, am Rand gewellt. **V** Man findet die Pflanze bevorzugt auf kurzrasigen Bergmatten. **B** Die Blüten werden durch Nachtfalter bestäubt. Die Pflanze kommt oft vergesellschaftet mit anderen Bergorchideen vor.

Diptam

Dictamnus albus

50–100 cm	V–VI	3/G!

M In einfacher Traube stehen auf drüsigen Stielen recht auffallende, rötlich-weiße Blüten. Die 20–25 mm langen Kronblätter sind purpurn geadert; die 4 oberen stehen aufrecht, das untere ist zurückgeschlagen. Die purpurfarbenen Staubblätter ragen weit aus der Blüte heraus. Die Blätter sind unpaarig, 7- bis 9zählig gefiedert; der Blattrand ist fein gesägt. **V** Das Rautengewächs kommt an Trockenhängen und in lichten Gebüschen auf kalkhaltigen Böden vor. **B** Der Blüte und zerriebenen Pflanzenteilen entströmt ein intensiver Zitronenduft, der die bestäubenden Insekten anlockt. Früher wurde die Pflanze als Heilmittel vielfach angewendet.

Schneeglöckchen

Galanthus nivalis

10–25 cm	II–IV	3/G!

M Die nickenden Blüten dieser allbekannten Pflanze stehen einzeln am Stengelende. Sie sind 20–25 mm lang und bestehen aus 6 Blütenhüllblättern, die sich v. a. in der Länge unterscheiden. Die 3 äußeren Perigonblätter sind doppelt so lang wie die inneren; letztere sind tief ausgerandet und an der Spitze grün gefleckt. Die 2 Laubblätter des Amaryllisgewächses sind grundständig, lineal, blaugrün bereift und ca. 4 mm breit. **V** Auenwälder, feuchte Laubwälder und Wiesen sind bevorzugte Standorte der Pflanze. **B** Häufig handelt es sich bei den gefundenen Pflanzen um verwilderte Gartenpflanzen. Echte Wildpflanzen sind nur noch selten zu finden.

Frühlings-Knotenblume

Leucojum vernum

10–35 cm	II–IV	3/G!

M Im Gegensatz zum nebenan beschriebenen Schneeglöckchen sind bei dieser nah verwandten Art die 6 Blütenhüllblätter nahezu gleichlang. Sie laufen in eine stumpfe, gelbgrüne Spitze aus. Auch hier hat die glockenförmige, 10–25 mm große Blüte eine nickende Stellung. Hin und wieder kommen 2 Blüten an einem Stengel vor; eine häutige Blattscheide überragt den Blütenstengel um 3–4 cm. Die Blätter sind linealisch, 20–30 cm lang und 1 cm breit. **V** Das Amaryllisgewächs ist in Auenwäldern, Schluchtwäldern und in feuchten Wiesen zu finden. **B** Die Blüten der giftigen Pflanze (auch Märzenbecher genannt) duften intensiv. Sie werden von Insekten bestäubt.

Frauenschuh

Cypripedium calceolus

20–50 cm	V–VII	3/G!

M Kennzeichnendes Merkmal der wohl bekanntesten heimischen Orchidee ist die schuhförmig aufgeblasene, 3–4 cm lange, gelbe Lippe. 4 rotbraune, lanzettliche Perigonblätter umgeben den »Schuh«. Meist sind 1–2 Blüten an einem Stengel zu finden. Die Laubblätter sind breit-elliptisch, hellgrün und stengelumfassend. Die deutliche Nervatur ist fein behaart. **V** Lichte Laub- und Nadelwälder mit kalkhaltigem Boden sind bevorzugte Standorte der Pflanze. **B** Die Lippe dieser Art stellt für Insekten eine sog. »Gleitfalle« dar. Ein Entkommen aus der Falle ist nur über einen bestimmten Weg möglich, der die Bestäubung der Blüte gewährleistet.

Gewöhnl. Waldhyazinthe

Platanthera bifolia

20–40 cm	V–VII	3/G!

M Am ährigen Blütenstand dieser Orchidee stehen in lockerer Folge stark duftende, weiße Blüten. Die äußeren 3 Perigonblätter sind lanzettlich und abstehend, die inneren neigen sich zu einem Helm zusammen. Die schmal-lanzettliche, ungeteilte Lippe weist nach unten. Auffallend ist der lange, fadenförmige Sporn (15–22 mm). An der Stengelbasis sitzen 2 eiförmige, glänzende Blätter; die oberen Blätter sind lanzettlich. **V** Die Art gedeiht in lichten Laub- und Nadelwäldern mit buschigem Unterholz. **B** Der intensive Blütenduft dient zur Anlockung der bestäubenden Nachtfalter, die an der Pflanze Nektar saugen. Die Duftstoffe werden in speziellen Drüsenfeldern produziert.

Dingel

Limodorum abortivum

30–80 cm	V–VII	2/G!

M Im lockeren Blütenstand stehen bis 4 cm breite, violette Blüten. Die äußeren, violett geaderten Blütenhüllblätter neigen sich helmförmig zusammen; die Lippe ist ungeteilt, blaßviolett und am Rand gezähnt. Ein langer, pfriemlicher Sporn ist immer nach unten gerichtet. Am dunkelvioletten Stengel dieser Orchidee sitzen zu schuppenförmigen Blattscheiden zurückgebildete Blätter (Foto rechts). **V** Man findet den Dingel in lichten Kiefernwäldern und in Weinbergen. Der Boden muß kalkreich sein. **B** Die Orchidee lebt saprophytisch, d.h. energiereiche Stoffe werden toten Substraten des Bodens entnommen (fehlende grüne Blätter s.o.!)

Purpur-Knabenkraut

Orchis purpurea

30–80 cm	V–VI	3/G!

M Die helmförmig zusammenneigenden Perigonblätter sind bei dieser Art außen braunrot bis purpurn. Der Mittellappen der 3teiligen Lippe ist tief geteilt, weißlich bis hellrosa und dunkel gefleckt; viel breiter als die linealen Seitenlappen. Die Lippenzipfel sind gezähnt. Der zylindrische Sporn erreicht nur die halbe Länge des Fruchtknotens. Die Blätter sind länglich-eiförmig und glänzend. **V** Das Purpur-Knabenkraut gedeiht an halbschattigen Waldrändern und buschigen Hängen mit kalkreichem Boden. **B** Die Pflanze ist die größte und stattlichste Orchidee in Mitteleuropa. Im Verbreitungsgebiet ist eine große Variabilität, v. a. in der Lippenform, zu beobachten.

Korallenwurz

Corallorhiza trifida

8–30 cm	V–VII	3/G!

M Insgesamt ist diese Orchidee sehr unscheinbar und wird deshalb oft übersehen. Die gesamte Pflanze ist grünlich, evtl. bräunlich getönt. Im lockeren Blütenstand stehen meist 4–10 gelbliche Blüten mit 3–6 mm langem Helm und weißlicher, schwach 3gelappter Lippe. Letztere ist durch gekerbte Ränder und dunkelrote Punkte gekennzeichnet. **V** Schattige Laub- und Nadelwälder, Torfsümpfe v. a. in den Voralpen sind Lebensräume der Art. **B** Die reduzierten, schuppenartigen Laubblätter weisen darauf hin, daß die Pflanze ihren Energiebedarf überwiegend aus dem Zusammenleben mit einem die Wurzel umspinnenden Pilzgeflecht deckt (Mykorrhiza).

Zungen-Hahnenfuß

Ranunculus lingua

50–150 cm	VI–VII	3/G!

M Die glänzenden, goldgelben Blüten erreichen 2–4 cm Ø. Die Blätter des Hahnenfußgewächses sind lanzettlich, zugespitzt und meist ganzrandig oder schwach gezähnt. Sie werden bis 25 cm lang; im unteren Bereich des dicken, hohlen Stengels sind sie kurz gestielt, oben sitzen sie dem Stengel an. Die mehrjährige Pflanze treibt unterirdische Ausläufer. **V** Teichränder, Sümpfe, Sumpfwiesen und Gräben mit schlammigem Boden werden bevorzugt. **B** Die Pflanze ähnelt dem im selben Lebensraum heimischen Brennenden Hahnenfuß, der allerdings kleinere Blätter und Blüten (8–15 mm) hervorbringt und noch recht häufig ist.

Sumpf-Herzblatt

Parnassia palustris

10–30 cm	VII–IX	3

M Am kantigen, 1blütigen Stengel sitzt im unteren Drittel ein stengelumfassendes, herzförmiges Blatt (Name!). Die rosettigen Grundblätter sind ebenfalls herzförmig, aber lang gestielt. Die 1–3 cm großen Blüten sind weiß und bestehen aus 5 mehrnervigen Kronblättern. Neben den 5 Staubblättern sind im Blütenzentrum 5 gelbgrüne Honigblätter zu erkennen, die alternierend zu den Staubblättern stehen. **V** Das Herzblattgewächs ist in Sumpfwiesen, Flachmooren und auf Trockenrasen der alpinen Region zu finden. **B** Die genannten Honigblätter sind unfruchtbare, umgewandelte Staubblätter. Sie sondern Nektar ab und locken damit bestäubende Insekten an.

Rundblättr. Sonnentau

Drosera rotundifolia

5–20 cm	VI–VIII	3/G!

M Die insektenfangende Pflanze hat lang gestielte Blätter, die in einer grundständigen Rosette stehen. Dabei ist die kreisrunde Blattspreite auf der Oberseite mit klebrigen Drüsenhaaren besetzt. An einem langen, blattlosen Blütenstengel findet man nur wenige, 4–6 mm lange, weiße Blüten. **V** Das Sonnentaugewächs ist in Flach- und Hochmooren mit sauren Böden beheimatet. **B** Zur Verbesserung der Stickstoffversorgung fängt die Pflanze Insekten, die an den klebrigen Drüsenhaaren festkleben. Verdauungsdrüsen produzieren Sekrete, die das Insekt chemisch verdauen. Die Verdauungsprodukte werden durch Absorptionshaare von der Pflanze aufgenommen.

Rosmarinheide

Andromeda polifolia

10–40 cm	V–VIII	3

M Die Blätter dieses Heidekrautgewächses sind lineal-lanzettlich, oben dunkelgrün, unten blaugrün. Der Blattrand ist nach unten umgerollt. Die wintergrüne Pflanze bildet weithin kriechende Ausläufer. 2–8 Blüten stehen in einer Doldentraube. Die Farbe der kugelig-eiförmigen Blütenkrone variiert von rosa über rötlich bis (selten) weiß. 10 Staubblätter sind vollständig von der 5zipfeligen Blütenkrone umhüllt. **V** Man findet die Pflanze v. a. in Hochmooren, evtl. auch in Zwischenmooren mit den typischen, kalkfreien Torfböden. **B** Die Rosmarinheide ist giftig und wird von Insekten bestäubt. Daneben besteht auch die Möglichkeit der Selbstbestäubung.

Sumpf-Porst

Ledum palustre

50–150 cm	V–VII	2/G!

M Die Blätter dieses immergrünen Strauches sind lineal, 1–4 cm lang und dünn gestielt. Am Rand sind sie umgerollt, unterseits rostrot-filzig. In reichblütigen Doldentrauben stehen 1–1,5 cm große, cremefarbene bis weiße Blüten mit 10 Staubblättern. **V** Das Heidekrautgewächs bevorzugt Hochmoore und moorige Wälder. Es kommt meist in kleinen Trupps vor. **B** Mit der getrenntblättrigen Blütenkrone stellt der Sumpf-Porst in der Familie der Heidekrautgewächse eine Besonderheit dar. Alle anderen Gattungen haben verwachsenblättrige, jedoch tief geteilte Blütenkronen (s. Rosmarinheide). Die Pflanze bildet mit wurzelumspinnenden Pilzen eine Lebensgemeinschaft.

Wasserfeder

Hottonia palustris

20–50 cm	V–VII	3/G!

M Nur der aufrechte Blütenschaft ragt bei diesem Primelgewächs über die Wasseroberfläche. An seinem Oberende stehen weiße bis hellviolette, 2–2,5 cm breite Blüten in 3–6blütigen Quirlen; Blütenmitte gelb. Die untergetauchten Blätter sind kammförmig bis auf den Mittelnerv gefiedert. **V** Wasserfedern sind in Tümpeln, Gräben, Altwasserarmen und Moorseen anzutreffen. Das Wasser darf nicht zu nährstoffreich sein. **B** Nach der Befruchtung krümmen sich die Blütenstiele bis unter die Wasseroberfläche, so daß sich die Reifung der Früchte im Wasser vollzieht. Die für Wasserpflanzen typische, tiefe Fiederung der Blätter vermindert den Strömungswiderstand.

Seekanne

Nymphoides peltata

80–150 cm	VII–IX	3/G!

M Die rundlich-herzförmigen Blätter dieser Pflanze ähneln sehr stark den Blättern von Seerosen, sind aber mit 3–10 cm Ø meist deutlich kleiner. Ihre Oberseite ist dunkelgrün, unten sind sie graugrün oder rötlich-violett. In einer über die Wasseroberfläche ragenden Doldenrispe stehen 3–5 cm breite, gelbe Blüten. Sie sind langgestielt, innen bärtig mit ausgebreiteten, rundlichen Kronzipfeln. **V** Man findet das Fieberkleegewächs in stehenden oder allenfalls träge fließenden Altwässern. Die Tiefe sollte 150 cm nicht überschreiten. **B** Die Vermehrung der Pflanze erfolgt überwiegend ungeschlechtlich durch den reich verzweigten, kriechenden Wurzelstock.

Fieberklee

Menyanthes trifoliata

10–40 cm	IV–VI	3

M Einer verzweigten, meist unter dem Wasser kriechenden Grundachse entspringen lang-gestielte, 3zählig gefingerte Blätter mit verkehrt-eiförmigen Blattfiedern. In einer aufrechten, endständigen Blütentraube stehen weiße, selten rosafarbene Blüten. Die Krone ist trichterförmig, die 5 Kronblattzipfel sind bärtig behaart. Wie die auf S. 49 beschriebene Seekanne gehört die Art zu den Fieberkleegewächsen. **V** Typische Pflanze der Moore, Gräben und Verlandungszonen von Weihern, Tümpeln und Teichen. **B** Der Name ist auf die fiebersenkende Wirkung einiger Inhaltsstoffe der Pflanze zurückzuführen, die früher auch bei Lebererkrankungen angewendet wurde.

Blauer Tarant

Swertia perennis

15–60 cm	VI–IX	2/G!

M Die 2,5–3,5 cm breiten Blüten stehen bei diesem Enziangewächs in traubigen Trugdolden; sie sind stahlblau bis violettpurpurn und dunkel punktiert. Die 5 ausgebreiteten Kelchzipfel umfassen die 5zipfelige Krone. Am aufrechten, erst oben verzweigten Stengel sind gestielte, eiförmige Grundblätter und sitzende, lanzettliche Stengelblätter zu unterscheiden. Alle Blätter sind 5–7nervig und recht hellgrün gefärbt. **V** Der Blaue Tarant, auch als Moorenzian bezeichnet, ist in Flach- und Quellmooren v.a. im Gebirge anzutreffen. Der Boden muß kalkhaltig sein. **B** Innerhalb der Familie der Enziangewächse ist die Gattung *Swertia* bei uns nur mit 1 Art vertreten.

Lungen-Enzian

Gentiana pneumonanthe

10–50 cm	VII–X	3/G!

M Die Blüten der Pflanze stehen endständig oder in den Blattachseln der oberen Blätter. Die glockige Blütenkrone ist 5zählig und kräftig dunkelblau; innen fallen 5 grün punktierte Streifen auf. Die Blätter sind lineal bis lineal-lanzettlich, ca. 5 cm lang und meist 1nervig. Eine grundständige Blattrosette ist nicht vorhanden. **V** Moorwiesen, Flachmoore, feuchte Heiden und Magerrasen sind bevorzugte Standorte der Pflanze. **B** Das Enziangewächs enthält Bitterstoffe und wurde früher naturheilkundlich verwendet, hat aber aufgrund seiner Seltenheit nie die Bedeutung des Gelben Enzians *(Gentiana lutea)* gehabt. Die Bestäubung erfolgt durch Hummeln.

Gewöhnliches Fettkraut

Pincuicula vulgaris

5–20 cm	V–VIII	3/G!

M Die in grundständiger Rosette stehenden Blätter sind hellgrün, sehr fleischig und am Rand nach oben umgerollt. Die blau-violetten Blüten des Wasserschlauchgewächses stehen einzeln am Oberende unbeblätterter Stiele; sie sind 2lippig und gespornt. Den Schlund kennzeichnet ein weißer Fleck. **V** Die Pflanze gedeiht in Mooren, Sickerwiesen und auf anderen bodennassen Standorten v. a. im Gebirge. **B** Das Fettkraut ist eine insektenfressende Pflanze, die jedoch den größten Teil ihres Energiebedarfs durch die Photosynthese abdeckt. Nur zur Aufbesserung der Stickstoffversorgung werden Insekten, die an Drüsenhaaren der Blätter festhaften, verdaut.

Gewöhnl. Wasserschlauch

Utricularia vulgaris

15–100 cm	VI–VIII	3/G!

M Die untergetaucht lebende Wasserpflanze schwimmt frei. An haarfeinen gezähnten Blattzipfeln der zerteilten Blätter finden sich 10–150 »Schläuche«. Die leuchtend gelben Blüten stehen in Trauben; sie sind 13–20 mm lang mit auffallend sattelförmig gebogener Unterlippe, deren seitliche Ränder nach unten umgeschlagen sind. **V** Das Wasserschlauchgewächs gedeiht in nährstoffreichen Tümpeln, Gräben und anderen stehenden Gewässern. **B** Die Pflanze fängt mit Hilfe der »Schläuche« kleine Wassertiere, die durch einen Klappmechanismus in deren Innenraum gesogen werden. Dort werden sie verdaut und die Verdauungsprodukte resorbiert.

Schachblume

Fritillaria meleagris

15–30 cm	IV–V	2/G!

M Der Name leitet sich von der schachbrettartigen Musterung der Blütenblätter ab. Die Gesamtfärbung der nickenden Blüte variiert von purpurrot bis purpurbraun; die stumpfen Blütenblätter sind an der Spitze umgebogen. Meist stehen die Blüten einzeln, selten zu 2–3. Die 4–5 Laubblätter sind graugrün, linealisch und rinnig. Sie werden nur 5 mm breit. **V** Das Liliengewächs gedeiht in feuchten Wiesen und in bodennassen Auenwäldern mit nährstoffreichen Böden. **B** Die Pflanze enthält giftige Alkaloide, die sich v.a. in der kugeligen Zwiebel konzentrieren. Am Blütengrund befinden sich Nektardrüsen, die v.a. Bienen als Bestäuber anlocken.

Sibirische Schwertlilie

Iris sibirica

30–80 cm	V–VI	2/G!

M Die blauvioletten Blüten dieses Schwertliliengewächses stehen meist zu 2 am runden, hohlen Blütenstengel. Sie sind 4–6 cm lang; die 3 äußeren Blütenblätter sind am Grund weißblau geadert und verschmälern sich plötzlich in einen gelblichen sog. Nagel. Die 2–6 mm breiten Blätter sind schmal-lineal und deutlich kürzer als der Blütenstengel. **V** Die Art ist in Moorwiesen, Gräben und Flachmooren zu finden. **B** An den wenigen verbliebenen Standorten kommt die Pflanze meist in kleineren Trupps vor. Meist ist sie zwischen Pfeifengrasbeständen eingestreut. Der Pflanzenproß entspringt einem überdauernden, verzweigten Wurzelstock.

Sumpf-Siegwurz

Gladiolus palustris

30–60 cm	V–VII	2/G!

M Wie die nebenan beschriebene Art gehört auch die Sumpf-Siegwurz zu den Schwertliliengewächsen. Am dünnen Stengel stehen in einer lockerblütigen, einseitswendigen Ähre 2–6 bis 3 cm breite, purpurfarbene Blüten. Sie sind schwach unsymmetrisch, trichterförmig und stehen waagrecht ab. Die seitlichen Blütenhüllblätter sind rauten- bis eiförmig. Die Blätter sind 4–9 mm breit und von schwertförmiger Gestalt. Die Pflanze entspringt einer Knolle mit faseriger, netzaderiger Hülle. **V** Bevorzugte Standorte sind Sumpf- und Moorwiesen. **B** Die recht seltene Art, auch Sumpf-Gladiole genannt, ist mit der Garten-Gladiole verwandt.

Fleischrot. Knabenkraut

Dactylorhiza incarnata

20–80 cm	V–VII	3/G!

M Am kantigen, hohlen Stengel sitzen 3–6 gelbgrüne Blätter, von denen das oberste den Blütenstand überragt. Sie stehen steif aufrecht und sind durch eine kapuzenförmige Spitze gekennzeichnet. Der bis 20 cm lange Blütenstand ist sehr reichblütig. Die Tragblätter sind länger als die fleischfarbenen Blüten. Die bis 8 mm breite Blütenlippe des Knabenkrautgewächses ist schwach 3teilig, Sporn zylindrisch und kürzer als der Fruchtknoten. **V** Sumpfwiesen und Flachmoore mit kalkreichem Boden. **B** Der wissenschaftliche Gattungsname weist auf die fingerförmigen Knollen der Pflanze hin. Bastarde mit dem Breitblättrigen Knabenkraut (S. 59) sind häufig.

Breitblättr. Knabenkraut

Dactylorhiza majalis

15–60 cm	V–VI	3/G!

M Die 5–10 cm langen, meist gefleckten Blätter sind lanzettlich und in der Mitte am breitesten. Im Gegensatz zur nebenan beschriebenen Art stehen sie seitlich ab. Die Blütenähre ist reichblütig, die Tragblätter sind länger als die purpurroten bis lila Blüten. Eine Dreilappung der Lippe ist meist deutlich ausgeprägt; die Seitenlappen sind herabgeschlagen. Kennzeichnend ist auch die purpurne Linienzeichnung der Lippe. **V** Typische Standorte sind Gräben, Flachmoore und feuchte Wiesen. **B** Sehr häufig teilt sich dieses Knabenkrautgewächs den Standort mit der nebenan beschriebenen Art. Da sich die Blütezeiten überschneiden, sind Bastarde üblich.

Sumpf-Stendelwurz

Epipactis palustris

30–50 cm	VI–VIII	3/G!

M Am kantigen Stengel des Knabenkrautgewächses stehen länglich-lanzettliche, 1–2 cm breite, graugrüne Laubblätter. Der 8–15blütige Blütenstand ist fast einseitswendig. Die äußeren 3 Blütenblätter der einzelnen Blüten sind bräunlich, die inneren sind weiß. Kennzeichnend ist die deutlich 2teilige Lippe. Der bewegliche, vordere Lippenteil ist rundlich und oft rosa geadert. Ein tiefer Einschnitt trennt ihn vom basalen Lippenteil; dieser ist weiß und rot geadert. **V** Die Pflanze ist in Sumpf- und Moorwiesen, meist mit Kalkböden, anzutreffen. **B** Der vordere Lippenteil dient den bestäubenden Insekten, v.a. Bienen und Wespen, als Landeplatz.

Sumpf-Schlangenwurz

Calla palustris

15–30 cm	V–VIII	3/G!

M Die herzförmigen, glänzenden Blätter der Pflanze sind lang gestielt und wirken recht ledrig. Sie entspringen einem ausdauernden Wurzelstock. Kennzeichnend für die ganze Familie der Aronstabgewächse ist der vielblütige Kolben. Er ist bei dieser Art 2–4 cm lang, eiförmig-rundlich und bis zur Spitze mit Blüten besetzt. Im Basisbereich handelt es sich um zwittrige Blüten, oben kommen nur ♂ Blüten vor. Kennzeichnend ist auch die den Kolben umhüllende weißliche Scheide. **V** Ufer von Teichen und Tümpeln, Waldsümpfe, Erlenbrüche und Torfstiche sind bevorzugte Standorte. **B** Früher wurde die giftige Pflanze bei Schlangenbissen eingesetzt (Name!).

Register

Bildnachweis:

Bellmann: 10, 12, 14, 31, 45; Eisenbeiss: 9, 17, 25, 26, 27, 32, 50; Eisenreich: 15, 18, 21, 22, 23, 24, 28, 29, 38, 39, 42, 44, 46, 58, 59, 61; Haslberger/Angermayer: 51; Limbrunner: 2; Moosrainer: 57; Pforr: 13, 52, 60; Pott: 19, 40, 53, 56; Reinhard: 8, 20, 41, 47, 48, Schrempp: 33, 34, 35, 43, 49; Wolfstetter: 30, 55; Wothe: 16; Zeininger: 11, 36, 37, 54.

Titelfoto: H. Bellmann
Grafik und Layout: Anton Walter